PLAN
DE FINANCES.

PLAN DE FINANCES,

Extrait d'un ouvrage ayant pour titre : *Recherches historiques sur les principes de finances et du crédit public.*

PAR LE CITOYEN MENGIN,

AUTEUR DU NOUVEAU SYSTÈME HYPOTHÉCAIRE.

« Les Anglais ont dit qu'ils ne craindront
» point la France tant qu'elle sera dans les
» mains des usuriers. »

La Richesse de l'Angleterre, page 108.

A PARIS,

Chez les MARCHANDS DE NOUVEAUTÉS.

Premier vendémiaire AN VIII.

« ON ignore en Angleterre que le ministère de » France trouverait des ressources immenses dans un » nouveau système de finance, simple, naturel et peu » dispendieux, substitué au systême compliqué, et » surchargé de dépenses énormes, qu'il a suivi jusqu'à » présent. On l'ignore peut-être même en France; » mais qui est-ce qui assure l'Angleterre que la loi » de la nécessité ne forcera pas le génie français à » développer enfin un systême d'administration des » finances, qui, en accélérant les progrès du paie- » ment des dettes de l'état, rétablirait l'aisance chez » ce peuple cultivateur et industrieux, et procurerait » en même temps à la France des moyens suffisans » pour soutenir la guerre la plus longue sans le se- » cours des nouveaux impôts? »

La Richesse de l'Angleterre, page 169.

PLAN DE FINANCES.

Le salut de la république sera certain lorsque chaque citoyen trouvera son avantage personnel dans les moyens qui doivent accroître la fortune publique.

J'ai cru utile, dans l'état de détresse où se trouvent nos finances, de mettre sous les yeux du directoire un plan dont le résultat, appuyé sur des autorités et des faits, me paraît propre à les rétablir.

Un extrait de ce travail (nécessairement long à cause des développemens qu'il comporte) suffira sans doute pour le faire apprécier par les personnes versées dans cette matière. Je n'ai d'autre mérite que d'avoir rassemblé et fait, pour ainsi dire, un corps des opinions des plus célèbres administrateurs, tels que d'Amboise, Sully, Richelieu, Colbert; j'y ai joint comme autorité frappante l'exemple de l'avantage que l'Angleterre retire, pour sa prospérité, de l'application des mêmes principes.

Contre les avantages que l'Angleterreobtient par son système de finance, il faut en opposer un semblable, dégagé même des défauts de celui-là.

Les finances de la France seront rétablies, dès que l'administration aura pour base,

1° De fonder le crédit de l'état de manière à ce qu'il s'accroisse successivement;

2° De rétablir la circulation des richesses;

3° De liquider toute la dette;

4° De diriger sagement la répartition de l'impôt, et éviter sur-tout ceux progressifs et arbitraires;

5° D'établir le niveau entre la recette et la dépense ordinaires;

6° De *multiplier la matière imposable* plutôt que les impôts;

7° De ramener l'équilibre entre nos intérêts commerciaux et ceux des autres nations, entre nos finances et celles de l'Angleterre;

8° Pourvoir à la dépense extraordinaire, de manière que les revenus ordinaires ne soient jamais détournés de leur destination.

Les moyens d'un tel plan reposent essentiellement sur la *rapidité de la circulation;* elle est mue par la *sûreté des conventions*, qui fournissent elles-mêmes et augmentent la *matière imposable*, et la *consommation*, d'où naît la *réproduction*, c'est-à-dire, l'*accroissement de la matière imposable.*

Il y a en ce moment plus d'impôts qu'il n'en faut pour subvenir aux dépenses ordinaires; la seule chose à rechercher est de les rendre productifs *en excitant la consommation*, et on ne peut y parvenir qu'en accélérant la rapidité de la circulation, dont le mouvement *multipliera la matière imposable.*

Crédit de l'état à fonder.

Pour fonder le crédit de l'état, il faut démontrer que la dette publique équivaut matériellement à des écus; en conséquence, je propose,

1° De créer une caisse d'amortissement, et de lui assigner un fonds annuel de *24,000,000 de f.*: elle rembourserait tous les quinze jours *un million de dettes.* Le fonds de cette caisse s'accroîtrait tous les ans des *intérêts des capitaux remboursés* (1).

2° De décréter que jamais la nation ne fera d'emprunt sans avoir préalablement assigné un fonds sur les impôts, pour le service des intérêts,

3° Que chaque emprunt ait son fonds d'amor-

(1) Tels sont les principes de l'administration anglaise.

tissement assuré (1), qu'on peut fixer au quart des intérêts de l'emprunt.

4° Que ce quart servant de fonds d'amortissement soit hypothéqué sur les revenus, comme les intérêts de la dette.

Pour assurer d'autant plus promptement le succès de cette mesure et en faire ressentir les effets, il serait convenable d'admettre une distinction entre les créanciers au profit desquels les rentes furent constituées et ceux qui ne les possèdent que par suite de négociations, et de ne faire participer aux remboursemens de la caisse d'amortissement que les premiers (2).

L'espoir donné aux porteurs d'anciennes créances d'un remboursement au pair qui s'effectuerait tous les quinze jours, soutiendra évidemment le cours de cette partie de la dette; et quand même il n'en ramenerait la valeur vénale qu'au taux de la dette de l'Angleterre, ce serait obtenir tout ce qu'il est possible de desirer.

A l'égard des rentes qui ont été négociées, on les rembourserait de deux manières, au choix des propriétaires.

---

(1) Administration actuelle de Pitt.

(2) Sully, Richelieu et Colbert adoptèrent cette distinction.

1° En les employant en acquisition de domaines nationaux ;

2° En les reconstituant, à leur profit, sur un capital double du cours que les rentes avoient, lors du transfert fait au possesseur actuel, et les faisant participer alors au remboursement à effectuer par la caisse d'amortissement (1).

De la liquidation de l'arriéré.

Il faudrait liquider l'arriéré dans un temps déterminé (2), et suivant le mode actuel. Mais le sort de ces créanciers se trouverait amélioré par la plus value que la création de la caisse d'amortissement donnerait à la dette publique.

Ainsi l'état n'aurait besoin, pour le service de l'arriéré, que de s'assurer des revenus équivalans à ses dépenses ordinaires, en les augmentant des intérêts du capital liquidé.

---

(1) Conditions plus avantageuses que celles faites par Sully et Colbert, en pareil cas; car ils ne remboursèrent ce genre de dettes qu'au cours.

(2) Principe d'ordre de Sully, de Colbert; les Anglais l'observent scrupuleusement.

Du rétablissement de la circulation.

Le rétablissement de la circulation repose sur *la sûreté des conventions ;* déjà le crédit de l'état y coopérerait et en hâterait le succès; mais il faut l'accroître,

1°. Par la clôture de la liste des émigrés.

2°. Par le rapport de la loi de l'emprunt de *100 millions*, sauf à y substituer une autre ressource extraordinaire dont je parlerai plus bas.

3°. En bannissant toutes les inquiétudes qui paraissent encore subsister sur le sort des ventes de domaines nationaux, et la répétition d'un supplément de prix (1).

4°. En convertissant la dette publique en billets au porteur portant intérêt.

De la répartition de l'impôt.

La répartition de l'impôt appelle des principes opposés à ceux suivis jusqu'alors. En cette matière, il vaut mieux obtenir tout ce qu'*il est possible par les impôts indirects*, et ne suppléer

---

(1) Ces mesures tiennent aux principes de la sûreté des conventions, sans laquelle il ne peut y avoir aucune circulation.

par l'impôt direct *que le déficit qui se trouverait dans les revenus ordinaires* (1).

A fur et à mesure que les revenus excéderont les dépenses ordinaires, on supprimerait tous les impôts arbitraires et progressifs (2), tels que ceux mobiliers, somptuaires et personnels, et ceux dont la perception est plus onéreuse à l'état, comme le droit de passe que l'on peut convertir en un autre impôt.

Du niveau entre la recette et la dépense ordinaires.

Pour rétablir le niveau entre la recette et la dépense, il serait demandé, en attendant que les revenus soient suffisans, un cautionnement à tous les employés dans les parties de finance, de manière à former un fonds de *100,000,000 de francs* en immeubles. Les administrations négocieraient, chaque mois, aux frais de l'état, à la banque dont il va être parlé, l'emprunt d'une somme équivalant à ce qui manquerait sur la recette pour les dépenses ordinaires. L'équilibre se trouverait donc rétabli sur-le-champ entre les recettes et les

(1) Principes des d'Amboise, Sully, Colbert, de l'Angleterre et de la Hollande.

(2) *Idem.*

dépenses ordinaires, en attendant que les revenus prissent l'accroissement nécessaire pour n'avoir plus besoin de ce secours.

Les compagnies financières se rembourseraient par elles-mêmes sur l'excédant des produits, en percevant même une indemnité déterminée.

De la multiplication de la matière imposable.

Les moyens de *multiplier la matière imposable* consistent à rapprocher le plus possible l'intérêt de l'argent du taux avantageux pour les spéculations du commerce, et à ne rien négliger de ce qui pourrait encourager toutes les branches d'industrie.

On ne conçoit pas d'autre moyen propre à faire baisser l'intérêt de l'argent que la création d'une banque.

Le citoyen Arnould, dans son rapport du 24 thermidor an 7, pag. 3, dit :

« La question des banques a été abordée,
» et le nouveau régime des hypothèques se
» trouve constitué : ces deux conceptions mo-
» dernes n'attendent qu'une main heureuse
» pour faire bientôt tourner l'industrie fran-
» çaise sur les nouveaux pivots de la circulation
» des valeurs et de la prospérité des peuples. »

Le conseil des cinq-cents a demandé au

directoire des renseignemens sur l'organisation de la banque qui pourrait devenir la plus utile à l'agriculture, au commerce et à l'industrie.

Puissent les réflexions qui suivent mériter de l'opinion !

Toutes les banques ont pour but l'accroissement de la circulation.

Leur service se trouve nécessairement très-limité, lorsqu'il se fait, comme dans celle d'Amsterdam, seulement sur le numéraire effectif qui y a été versé.

Celles qui escomptent le papier des négocians, comme la caisse du commerce ou celle des comptes courans, et qui remboursent leurs billets à vue, ne peuvent étendre leurs opérations que dans la proportion de la sûreté qu'offrent les négocians et du crédit dont ils jouissent. De pareilles bases appliquées dans les circonstances actuelles ne seraient point susceptibles de produire les secours nécessaires.

Ce serait, en escomptant des créances garanties par des propriétés immobiliaires, qu'un établisement de cette nature, qui d'ailleurs ne mettrait que des billets payables à vue en numéraire, présenterait le plus d'avantage pour la société.

Avec cette règle de prêter aux *choses* plutôt qu'aux *personnes*, la confiance dans les emprunteurs n'est plus arbitraire et vacillante au gré des événemens : tout propriétaire, et même celui dont l'immeuble serait situé à l'extrémité la plus reculée, serait certain d'un crédit à cette banque ; celle-ci n'aurait de limite qu'autant qu'elle manquerait elle-même de moyens pour satisfaire aux demandes qui seraient faites.

Ces banques méritent encore la préférence sur toutes les autres, en ce qu'il doit devenir infiniment rare qu'un propriétaire use de son crédit au-delà de ce que peuvent solliciter les besoins de la circulation, tandis que le négociant n'abuse que trop souvent de la faveur d'opinion qu'on lui accorde. Le premier répond par le gage qu'il donne de l'éxecution de son engagement ; l'autre peut au contraire se soustraire à sa promesse, et c'est sur-tout lorsqu'il s'agit de rappeler la confiance évanouie, qu'il importe d'écarter toute inquiétude sur la *stricte observation des conventions.*

Si l'état doit politiquement faire un sacrifice pour l'encouragement des banques, c'est vers celle des propriétaires que doit se tourner toute son attention.

Il est reconnu en économie politique que plus l'intérêt de l'argent est bas, plus le commerce et l'industrie en tout genre prennent d'extension, parce que les bénéfices de l'un et l'autre se calculent ordinairement au double des frais, et que ceux-ci se proportionnent eux-mêmes au taux de l'intérêt de l'argent.

Ainsi la nation chez laquelle l'intérêt de l'argent s'élève à huit ou dix pour cent, ne doit alimenter que les manufactures, dont les produits offriraient vingt pour cent de bénéfice.

En Angleterre, où la banque escompte à raison de quatre à cinq pour cent, les fabriques susceptibles de procurer neuf à dix pour cent y sont en pleine activité. Lorsque l'intérêt de l'argent est tombé en Hollande de deux et demi à 3 pour cent, aucun genre d'industrie d'un rapport de cinq à six pour cent n'était négligé.

Les banques dont les plans ont été présentés au corps législatif, ont demandé ou des priviléges ou des avances de fonds; aucun n'offrait des moyens utiles capables de dédommager le public du sacrifice que ferait l'état; tout serait exclusivement au profit des actionnaires.

La situation des finances ne permet aucune avance de capitaux de la part de la nation; mais, dans la nécessité bien sentie de l'établissement des banques, l'état doit y suppléer, en assurant, par forme de *prime*, ce qui est demandé en *capitaux*.

Cette *prime* ne serait à payer qu'à fur et à

mesure des avantages que la banque aurait répartis sur la société.

Ainsi l'état ne hasarde rien ; il ne fait aucun déboursé dont il ne soit déjà recouvert par l'aisance procurée à tous les citoyens ; lui-même obtient, pour le trésor public, l'amélioration dont il pouvait se flatter.

Lorsque Guillaume III, après avoir usurpé la couronne d'Angleterre, sentit le besoin de créer au gouvernement un crédit pour soutenir la guerre contre la France, et annihiler les efforts de cette puissance en faveur du prétendant, il institua la banque, qui se chargea simultanément de négocier les emprunts du gouvernement, et d'escompter le crédit du commerce : le gouvernement n'eut plus besoin que de faire un sacrifice instantané pour la réussite de son premier emprunt, porté à *douze millions tournois.* Outre la sûreté d'une affectation spéciale pour le service des arrérages (condition sans laquelle toute opération du gouvernement est illusoire et mauvaise), il fut stipulé un intérêt de huit pour cent, et l'*exemption de l'impôt sur les terres en faveur du prêteur.*

Enfin, il obligea les mécontens à en faire les fonds.

Le parlement a scrupuleusement maintenu depuis les conditions de cet emprunt.

Au lieu de faire en France des sacrifices pour recréer directement un crédit au profit du gouvernement, aidons-le de celui de tous les membres du corps social, et il en résultera une source de prospérité pour les finances de l'état, et bientôt les moyens, pour le gouvernement, d'user d'un crédit direct.

L'Angleterre, après avoir établi son crédit de la manière qui vient d'être indiquée, l'a soutenu par l'exactitude dans le *service des intérêts de sa dette;* elle trouve, dans l'*activité de la circulation accélérée*, que procure l'escompte des effets du commerce par la banque, une facilité de plus pour atteindre ce but; car c'est par elle que s'augmente la matière imposable, et qu'on obtient tout ce que peuvent produire l'agriculture, le commerce, l'industrie, et la navigation.

Voici ce qui m'a paru propre à donner de tels résultats.

Encouragemens à accorder à une banque de propriétaires.

Assurer à l'établissement qui, en remboursant son papier à vue, escompterait les engagemens des propriétaires à raison de trois pour cent, une *prime de quatre pour cent des capitaux destinés à son service.* (1)

Fixer cette prime à 4 millions, afin d'avoir un fonds de banque de 100 millions.

N'admettre cette *prime* qu'en *acquit de l'impôt direct*, et au profit de celui qui justifierait de la propriété de l'action.

Dès l'instant que, par le produit du dividende, on reconnaîtrait que les bénéfices sont assez forts pour que la banque n'ait plus besoin d'encouragement, on amortirait cette dépense, et la réduction pourrait s'en faire partiellement.

Tant que le produit des capitaux n'excéderait pas six pour cent, la prime serait de quatre pour cent; à huit pour cent, de trois pour cent; à dix pour cent, de deux pour cent; à douze pour cent, de un pour cent; à quatorze pour cent, la prime cessera.

Imprimer la liste des actionnaires, et l'envoyer, tous les six mois, dans les départemens, avec annotation des avantages qui résultent de cet établissement. (2)

---

(1) L'idée de la prime est calquée sur celle de Guillaume III, fondateur du crédit public en Angleterre, et celle de la réduction de l'intérêt de l'argent à trois pour cent sur les principes de la Hollande.

(2) Les mêmes avantages peuvent être accordés aux banques qui offriront ce service pour l'*agriculture*, le *commerce*, et la *navigation*.

Les actionnaires obtiendront bénéfice, sûreté, tandis que d'un autre côté leur amour propre sera flatté. Aucune entreprise ne saurait se former avec des apparences plus tranquillisantes que celle où ce bénéfice, jamais inférieur à dix pour cent, peut s'élever jusqu'à quatorze; ce qui offre pour terme moyen douze pour cent.

Ce produit de l'action, fixé à douze pour cent pour terme moyen, doit donner à son prix vénal une valeur quadruple, puisque ce produit aura pour point de comparaison l'escompte de la banque à trois pour cent.

Toutes propriétés pour lesquelles des actionnaires jouiraient, à ce taux, de leur crédit, obtiendront une valeur au *denier 33*.

Pour les négocians, la baisse de l'intérêt de l'argent, au taux le plus approximatif de celui des autres nations, rétablirait nos relations commerciales au même niveau, et ferait prospérer celles de l'intérieur; d'autant plus que notre main-d'œuvre, ne payant aucun impôt, permettrait de livrer nos marchandises à meilleur marché.

Lorsque les actionnaires voudront réaliser le fonds de leur mise, ils en obtiendront une négociation d'autant plus avantageuse que les produits de l'action seront assurés.

Ces avantages se répartissent simultanément

en faveur de l'*agriculture*, du *commerce*, de l'*industrie*, de la *navigation*, de la *population* et de la *circulation*.

L'*agriculture* jouira d'un secours égal et spontané d'un bout de la république à l'autre, au moyen du crédit que tous les propriétaires auront à la banque.

Le *commerce* trouvera dans la portion du crédit que les propriétaires n'emploieront point pour l'agriculture un aliment susceptible d'entretenir les spéculations.

En supposant que le propriétaire fasse payer au commerce son crédit dans la même proportion de ce qu'il lui en coûte à la banque, ce serait livrer les capitaux au commerce sur le pied de six pour cent ; et certes un pareil taux doit paraître bien prospère.

L'*industrie* s'établira par-tout où une fabrique sera susceptible de rapporter 7 ou 8 pour 100.

La *navigation* obtiendra les mêmes secours que les fabricans et les négocians.

Quant à la *population*, on sait qu'elle s'accroît par l'aliment donné aux diverses branches de l'industrie, et la nation s'enrichit par la multiplicité de ses membres, parce que le sol et l'industrie s'entraident mutuellement pour assurer l'aisance commune.

Enfin la *circulation* des *richesses* aura un

cours rapide dès l'instant où on pourra multiplier ces moyens dans une proportion quadruple et même quintuple des capitaux, par le service de la banque.

Il n'est aucun de ces résultats qui n'influe d'une manière bien précieuse pour l'état, quant aux revenus, et à son crédit particulier.

Quant aux revenus, observons que la baisse de l'intérêt de l'argent à trois pour cent quadruple la matière imposable des impôts indirects.

1° Tous les débiteurs profiteront du service de la banque pour rembourser leurs engagemens stipulés à un taux plus fort : ce n'est point trop de supposer que l'impôt du timbre doublera par cette raison, et à cause de la multiplicité des affaires, augmentation qu'il faut évaluer, en suivant la proportion annoncée dans le rapport du cit. Arnould . . . . 8,000,000 fr.

2° Le prix vénal des immeubles porté à trois pour cent, ou denier 33, triple au moins la matière imposable, indépendamment de ce que l'activité de la circulation augmente le nombre des mutations; en ne súppposant cet excédant de produit qu'au double de celui calculé dans le rapport du cit. Arnould, il s'élevera à 67,000,000

D'autre part . . . . 75,000,000 fr.

3° Les droits de douane éprouveront également un grand accroissement par ce nouvel ordre de choses, puisque les fabriques, à raison de leur activité, fourniront beaucoup de matières d'échange : je ne porte cet objet que pour moitié en sus de ce qui est annoncé par le rapport du cit. Arnould, ci 6,250,000

4° Enfin les patentes, les hypothèques, lss tabacs, les postes et les voitures publiques, doivent donner une augmentation dans la même proportion, ci 23,000,000

Total de l'accroissement des revenus . . . . 104,000,000 f.

Il reste encore l'expectavive assurée des bonifications à la paix sur les produits des impôts indirects.

Ainsi l'état, en promettant des primes pour encourager une banque à escompter à trois pour cent les créances des propriétaires, s'en trouverait plus que recouvert, et au-delà, même avant d'avoir aucun paiement à effectuer.

1°. Par l'augmentation des *revenus indirects*,

et les facilités qu'il obtiendra pour le *recouvrement de l'impôt direct.* Un des premiers avantages à cet égard serait l'inutilité des frais de contrainte évalués, dans le rapport du citoyen Arnould, à 50 *millions.*

2°. Par la plus value qu'acquerront les domaines nationaux, et qui sera toujours proportionnelle à celle des biens patrimoniaux. A l'égard du crédit public, cet excédant de revenu, conséquence du nouveau plan, servirait à le fonder, en donnant les moyens de former la caisse d'amortissement, et de servir exactement les intérêts des capitaux à employer pour ses dépenses extraordinaires.

A ces premiers moyens, pour multiplier successivement la matière imposable, il devient extrêmement utile d'y ajouter les objets suivans :

1° D'améliorer notre acte de navigation pour jouir des avantages qu'en retire l'Angleterre. (1)

2° De calculer nos droits de douane comparativement à ceux des puissances commerçantes et d'après nos besoins. (2)

3° D'établir des entrepôts francs dans tous

---

(1) On peut juger de ces avantages par ce qui se fit sous l'administration de Cromwel, et l'utilité qu'en a retirée depuis l'Angleterre.

(2) Précaution qu'on signale dans l'administration anglaise.

les ports et villes frontières; en sorte que l'étranger n'ait aucun fonds à débourser pour les droits, et qu'il soit acquitté par le consommateur intérieur lors de l'achat des marchandises, d'où résulterait la suppression de la fraude.

L'étranger, trouvant alors chez nous des facilités de plus que chez les autres nations, nous donnera la préférence; les vendeurs étrangers se multiplieront et nous donneront dès lors leurs marchandises au rabais, tandis que cette même concurrence nous procurera la vente de nos productions nationales à un prix plus avantageux. (1)

Rétablissement de nos relations commerciales.

Nos relations commerciales, établies sur une faculté d'obtenir les capitaux à raison de trois pour cent, obtiendront une prépondérance sur celles de l'Angleterre, pour toutes les branches d'industrie que la hausse de l'intérêt de l'argent nous avait fait abandonner : cette nation sera dans une *situation rétrograde*, tandis que la nôtre sera *progressive*.

---

(1) Cette base est tirée des administrations anglaise, hollandaise, et de celle de toutes les nations essentiellement commerçantes.

Equilibre entre les finances de la France et celles de l'Angleterre.

Ce taux de l'intérêt de l'argent, qui est celui de la dette consolidée en Angleterre, nous promet les mêmes avantages pour les emprunts, lorsque la balance du commerce aura, par le secours des banques, multiplié les capitaux au-delà des besoins de la circulation; nous pourrons alors offrir de rembourser la dette, ou de la reconstituer au taux de trois pour cent.

Avec les moyens de l'Angleterre pour *multiplier la matière imposable*, nous avons l'avantage d'une population de *trente millions d'habitans sur douze.*

Nos facultés sont d'autant plus réelles que, malgré les difficultés de relations avec nos colonies, l'exportation n'est diminuée, dans l'état de crise où nous met la guerre, que de 100 *millions :* (1) ce n'est donc point à ce défaut d'exportation qu'il faut attribuer l'épuisement des finances, mais *à la réduction des consommations* auxquelles sont forcés nos *trente millions d'habitans*, par la hausse de l'intérêt de l'argent et les inquiétudes intérieures qui s'opposent à tous bénéfices commerciaux.

L'équilibre une fois rétabli dans nos finances

(1) Rapport du citoyen Arnould, page 13.

par le niveau entre la recette et la dépense, il sera rompu dans les finances de l'Angleterre, puisque ses produits diminueront et seront dans un *état rétrograde*, tandis que les nôtres augmenteront ou seront continuellement dans un *état progressif*.

Du code hypothécaire.

Avant de terminer, je dois une observation importante : le *système de banque des propriétaires* est lié d'une manière intime avec les principes du nouveau régime hypothécaire : le mode d'exécution adopté pour cette loi en empêche les heureux résultats. En en chargeant la régie des domaines, on a détruit un des effets précieux de cette belle conception ; *la confiance dans les préposés de cette administration* purement fiscale, est gênée par cette idée désagréable attachée aux fonctions du préposé, qui ne semble remplir sa tâche qu'autant qu'il cumule les moyens d'impôt, *et indique au gouvernement la situation des fortunes individuelles*.

D'ailleurs l'administration préoccupée par une quantité d'autres attributions, ne peut donner à celle-ci tout le temps qu'elle mérite, sur-tout dans le premier moment de l'établissement ; l'expérience démontre déjà l'impossibilité de maintenir ce travail dans les mains des préposés de la régie ; ils en sont chargés depuis six mois, et sur *trois cent quarante bureaux d'hypothèques*, on n'en compte *que six* dont le travail se trouve au courant, et permette de donner les indications pour lesquelles la loi prescrit de n'apporter aucun retard : plusieurs annoncent au contraire qu'il est encore nécessaire de leur accorder un délai de deux ou trois mois ; cependant toutes les transactions tiennent à cette prompte exécution, et le cours s'en trouve interrompu.

Ressources extraordinaires.

L'état, après avoir, par la *prime* accordée à la banque, triplé la richesse réelle des propriétaires, réclamerait d'eux le *secours instantané* que les circonstances sollicitent ; ceux-ci s'acquitteraient de cette dette en prêtant à l'état une partie du crédit qui viendrait de leur être ouvert. (1)

L'état leur demanderait de cette manière le

---

(1) Cette base est prise dans la nécessité où est le gouvernement d'avoir recours aux citoyens qui, par leur existence, tiennent essentiellement à la chose publique, et qui, en conciliant leurs intérêts, peuvent venir au secours du gouvernement.

vingtiéme de la valeur de leur propriété estimée sur le pied de 1790, c'est-à-dire au denier vingt, ce qui ne serait pas *le dixième de l'augmentation qu'ils obtiendraient sur le prix vénal de leurs propriétés.*

Les propriétaires de biens d'une valeur supérieure à 4 mille francs, constitueraient au profit de la nation pour le montant de leur cotisation des *rentes à quatre pour cent.*

L'état se chargerait de rembourser ceux des capitaux par lui aliénés, et il ferait à cet effet une *caisse d'amortissement de 12 millions 500 mille livres*, équivalant au quart des intérêts de l'emprunt que je propose ; ce service se ferait de la manière ci-dessus proposée pour la caisse d'amortissement, et jusqu'à cette époque les propriétaires paieraient aux porteurs les intérêts sur le pied de quatre pour cent ; ceux-ci s'en recouvriraient par une compensation avec leur impôt direct, en y ajoutant même la prime de un pour cent qui leur serait accordé à titre d'immdemnité. Cet emprunt ne coûterait à l'état que cinq pour cent.

Cette opération procurerait en peu de temps au trésor public un secours d'un milliard de valeur, dont la banque faisant l'escompte à trois pour cent faciliterait la circulation.

Toute bonification possible dans les dépenses devient acile favec ces ressources.

Les fabriques seraient alimentées, les consommations augmenteraient, et la circulation n'éprouverait aucune entrave.

Ce moyen par lequel l'état obtiendrait des propriétaires une ressource immense et le rétablissement de son crédit par ses conséquences, serait bien en opposition avec celui qu'employa Guillaume III pour rétablir celui de l'Angleterre. Ce roi se servit des mécontens pour faire le fonds de son premier emprunt, et le corps législatif au contraire n'emploierait que ceux dont il aurait, par la *prime* accordée à la banque qui escompterait le crédit des propriétaires à trois pour cent, triplé la fortune immobiliaire.

Les capitalistes et les propriétaires auraient intérêt de favoriser l'exécution de ce plan de finances, en concourant à la formation de la banque et en donnant leur crédit à l'état.

FIN.

www.ingramcontent.com/pod-product-compliance
Lightning Source LLC
LaVergne TN
LVHW020305230826
846091LV00006B/2539

* 9 7 8 2 0 1 3 3 6 7 1 5 8 *